Salate
frisch & knackig

**Liebe LeserInnen,
liebe SalatliebhaberInnen,**

Juchu – heute gibt es Salat! Wenn dieser Aus-
spruch kommt, wissen Sie, der Salat kommt an!
Das richtige Dressing ist das Geheimnis des Ge-
schmackwunders.

Ob cremig-würzig, säuerlich-frisch oder deftig-kräftig – für jeden
Geschmack und für jeden Salat gibt es die richtige Soße. Salate sind
frisch und knackig, gesund und abwechslungsreich. Egal, ob davor,
dazu, als Sattmacher, warm oder kalt mit Fleisch, Fisch und Käse!

Nutzen Sie die Vielfalt, die jede Jahreszeit zu bieten hat.
Der Frühling mit den jungen frischen Kräutern, der Sommer mit der
Fülle an Blattsalaten, der Herbst mit der reichen Ernte an Gemüse
und der Winter mit seinen Wurzeln. Alles Gute von der Natur frisch
auf den Teller.

Die rund 40 köstlichsten Salate unserer LeserInnen sind in diesem
Büchlein für Sie zusammengetragen. Für jede Gelegenheit, für jeden
Geschmack.

Lassen Sie sich überraschen und genießen Sie.

Ihr Redaktions-Team
Anita Herta Kößler & Barbara Schmidt

Inhaltsverzeichnis

✳

Köstliche Salatvielfalt

✳

Körnig und Nudelig

Salatvielfalt

Bataviasalat

Der Bataviasalat entstand in Frankreich als eine
Kreuzung aus Kopf- und Eisbergsalat. Vom Geschmack her ähnelt er eher dem Eisbergsalat,
ist aber etwas kräftiger. Auf Grund seiner
schönen Färbung eignet er sich gut als Dekoration für kalte Platten.

Foto: © cynoclub - Fotolia.com

Chicorée

Der bittere, fein-würzige Geschmack
passt sehr gut zu fruchtigen Salaten.
Als Rohkostgemüse lassen sich die Blätter gut dippen oder füllen.

Foto: Anita Herta Kößler

Chinakohl

Chinakohl hat ein dezentes Kohlaroma und erinnert
von Geschmack und Konsistenz her ein wenig an
Eisbergsalat. Er ist Bestandteil vieler asiatischer
Gerichte, wird aber auch gerne als
Salat gegessen. Saison hat Freiland-
Chinakohl von August bis Februar.

Foto: Anita Herta Kößler

Eichblattsalat

Der nussige Geschmack des Eichblattsalats lässt sich
gut mit anderen Salaten, aber auch mit Champi-

Foto: Anita Herta Kößler

gnons oder Räucherlachs kombinieren und
eignet sich daher besonders für feine Vor-
speisen-Salate aber – dank seiner Färbung –
auch als Dekoration.

Eis(berg)salat

Eis(berg)salat ist relativ ge-
schmacksneutral und deshalb gut mit herzhaf-
teren Sorten kombinierbar.

Endiviensalat

Man unterscheidet die glatte Endivie – Escariol – und
die krause, Frisée genannt. Für den leicht bitteren Geschmack der
Endivie ist Inulin verantwortlich, ein Bitterstoff mit galle- und harn-
treibender Wirkung. Durch die leichte Bitternote passt Endivie gut
zu Walnüssen, Äpfeln oder gebratenem Speck.

Feldsalat

Das aus Eurasien stammende Wildgemüse ist mittlerweile eine Kul-
turpflanze geworden und in zwei Sorten erhältlich. Der großblätt-
rige Feldsalat hat sehr lange, breite Blätter von hell- bis mittelgrüner
Farbe, die einzeln geerntet und lose verkauft werden. Der Kleinblätt-
rige zeichnet sich durch zarte, spatelförmige
Blätter aus, die dunkelgrün gefärbt
sind und als ganze Röschen verkauft werden. Beide Sorten sind
herzhaft-nussig, schmecken
allein, harmonieren aber auch
gut mit Nüssen, gebratenem
Speck oder Croutons.

Kopfsalat

Kopfsalat schmeckt fein-mild, beinahe buttrig, weshalb er auch Buttersalat genannt wird. Er ist sehr empfindlich und sollte erst kurz vor dem Verzehr angemacht werden.

Foto: MEV

Lollo Rosso, Lollo Bianco bzw. Bionda

Sowohl die »rote« als auch die »weiße« Sorte stammt ursprünglich aus Italien. Die stark gekrausten Blätter sind entweder dunkelviolett und werden zum Strunk hin hellgrün (rosso) oder sind komplett hell- bis gelbgrün (bianco/bionda). Die rote Variante schmeckt recht kräftig und nussig, sein »weißer« Bruder ist etwas milder im Geschmack.

Löwenzahn

Die länglichen, stark gezahnten Blätter von hellgrüner Farbe schmecken leicht bitter und können roh mit anderen Salaten gemischt oder kurz blanchiert mit Sahnesauce und Speck serviert werden.

Foto: MEV

Römischer Salat

Dieser Herbstsalat wird auch Romana, Sommerendivie oder Bindesalat genannt. Romana kann kurz blanchiert mit Fleisch und Fisch oder roh mit kräftigen Dressings, die seinen herzhaften, leicht bitteren Geschmack unterstreichen, verzehrt werden.

Foto: © cynoclub - Fotolia.com

Radicchio

Radicchio bildet kleine, feste Köpfe aus tiefroten bis violetten Salatblättern, die mit weißen Adern durchzogen sind. Vom Geschmack her ist er sehr herzhaft und auf eine angenehme Art leicht bitter. Radicchio harmoniert sehr gut mit Orangenfilets und Walnüssen.

Foto: Anita Herta Kößler

Rucola

Die schmalen, stark gefiederten, dunkelgrünen Blätter haben einen bitter-scharfen Geschmack. Gekocht und mild gewürzt passt er gut – zusammen mit Tomaten und Parmesan – zu Pasta und Risotto. Roh kann er zu Pesto verarbeitet oder in kleineren Mengen anderen Salaten als »Würze« beigemischt werden.

Foto: © cynoclub - Fotolia.com

Gemüse

Blumenkohl

Blumenkohl kann nach kurzem Blanchieren als Rohkostsalat zubereitet werden. Blumenkohl ist eines unserer gesündesten Gemüse.

Brokkoli

Brokkoli schmeckt roh oder gekocht zu Salaten, Suppen, Eintöpfen, Aufläufen oder als Beilage.

Foto: © Tomboy2290 - Fotolia.com

Foto: © motorlka - Fotolia.com

Fenchel

Fenchel passt wunderbar zu Fisch. Er schmeckt aber auch gedünstet, mild angebraten, püriert, als Suppe oder roh als Salat mit Früchten oder Tomaten.

Foto: © Jessmine - Fotolia.com

Foto: © arnowssr - Fotolia.com

Kohlrabi

Kein Volk liebt ihn mehr als die Deutschen. Was kaum jemand weiß: Besonders viel seiner gesunden Vitalstoffe sind in den Kohlrabi-Blättern enthalten, teilweise ist der Gehalt zwei- bis dreimal so hoch wie in der Knolle. Zumindest die zarten Herzblätter sollte man deshalb immer mitessen, z.B. kleingehackt als Salat oder wie Spinat gedünstet.

Foto: © Visions-AD - Fotolia.com

Möhren

Möhren schmecken roh, aber auch gedünstet.

Paprika

Paprika kann roh, in Kombination mit anderem Gemüse verzehrt oder geschmort, gekocht oder gefüllt werden.

Foto: © Giuseppe Porzani - Fotolia.com

Radieschen

Radieschen werden meist roh als Salatzutat gegessen oder als Dekoration verwendet. Wenig bekannt ist, dass die frischen Blätter einen schmackhaften Salat ergeben.

Foto: © Giuseppe Porzani - Fotolia.com

Rote Bete

Neben den beliebten dunkelrot eingefärbten Sorten, gibt es auch noch gelbe und weiße Sorten. Weiße Sorten, die meist für Feinkost und Fischsalate verwendet werden, weisen jedoch, trotz ihrer Blässe, den typischen Rote-Bete-Geschmack auf.

Foto: © Tim UR - Fotolia.com

Salatgurken

Häufig wird die Gurke als Rohkost oder Salat gegessen, sie schmeckt jedoch auch lecker, wenn sie gebraten, gedünstet oder mit Hackfleisch gefüllt wird.

Foto: © Werg - Fotolia.com

Schwarzwurzel

Ihre Form gleicht der des Spargels, weshalb die Schwarzwurzel früher auch »Spargel des kleinen Mannes« genannt wurde. Auch zubereitet wird sie im Großen und Ganzen wie Spargel.

Foto: © Inga Nielsen - Fotolia.com

Sellerie

Beim Sellerie unterscheidet man zwei Arten. Knollensellerie und den gelblich-weißen bis grünen Stangen- oder Bleichsellerie. Er passt zu anderem Gemüse, Rouladen, Braten, in Suppen und Eintöpfe oder ergibt zusammen mit Kartoffeln einen schmackhaften Auflauf.

Spargel

Neben dem weißen Spargel, der ein sehr

Foto: © cynoclub - Fotolia.com

sanftes Aroma hat, gibt es noch den weiß-violetten Spargel, der erst gestochen wird, wenn die Köpfe die Erdkruste durchbrochen haben. Er schmeckt etwas würziger als weißer Spargel. Grüner Spargel wird erst geerntet, wenn er ganz aus dem Boden gewachsen ist. Ein klein wenig erinnert sein Geschmack an junge Erbsen. Grüner Spargel ist sehr schnell zubereitet, da nur das untere Ende der Stangen geschält wird. Am besten schmeckt Spargel, wenn man bereits zum Kochwasser die richtigen Zutaten gibt. Dazu gehört nicht nur die bekannte Prise Zucker und etwas Salz, sondern auch Zitronensaft, ein kräftiger Schuss Weißwein und eine Prise Muskat.

Spinat

Spinat kann roh als Salat oder gekocht als Lasagne, Spinatroulade oder Pizzabelag gegessen werden.

Tomaten

Heute ist die Tomate unser beliebtestes Gemüse. Nach ihrer Form und Größe werden vier Tomatensorten unterschieden: Fleischtomaten, Flaschentomaten, Kirschtomaten und Kugeltomaten.

.... Hülsenfrüchte ....

Bohnen

Getrocknete Bohnen kochen nach 1-1½ Stunden bzw. 1 Stunde

(über Nacht eingeweicht) weich und können dann für Eintöpfe, Suppen oder auch einen Bohnensalat verwendet werden.

Erbsen

Gekochte Erbsen sind vor allem in Erbsensuppe, Eintöpfen und in Salaten zu finden.

Linsen

Gekochte Linsen eignen sich für klassische Gerichte wie Linseneintopf, aber auch für Linsensalat oder -gemüse.

Notizen

_____

_____

_____

_____

_____

Italienisches Dressing

Zutaten:
2 EL Magerquark
1 EL Rahm
1 Becher Naturjoghurt
1 EL Öl
½ TL Gemüsebrühe,
    in 2 EL Wasser gelöst
1 TL Senf
1 TL Zitronensaft
1 Zwiebel, feingehackt
2 EL Tomatenmark
1 TL Honig
1 Knoblauchzehe, gehackt
Koriander, Muskat, Pfeffer, Paprika, Salz, Basilikum

Zubereitung:
Alle Zutaten gut miteinander verrühren.

Weißwein-Dressing

Zutaten:
1 EL Balsamico-Essig
3 EL Öl
2 EL Weißwein
1 TL Zucker
½ TL Salz
Pfeffer aus der Mühle

Zubereitung:
Alle Zutaten vermischen,
abschmecken und über
den Salat geben.

Sahnesoße

Zutaten:
6 EL Sahne
2 EL Essig
2 EL Öl
2 TL Zucker
1 TL Salz
Kräuter nach Belieben,
z.B. Petersilie, Schnitt-
lauch oder Dill

❀

Zubereitung:
Kräuter waschen, kleinhacken und mit den anderen Zutaten vermischen. Abschmecken und über den Salat geben.

Portwein-salatsoße

Zutaten:

2 TL Puderzucker
125 ml Portwein
125 ml Gemüsebrühe
3 EL Balsamico-Essig
2 EL Rotweinessig

1 TL Zucker
4 EL Rapsöl
½ TL Salz
Pfeffer
1 Zweig Rosmarin
1 Knoblauchzehe

Zubereitung:

1. Den Puderzucker in einem Topf karamellisieren und mit Portwein ablöschen. Reduzieren lassen auf ca. ein Drittel und die Brühe hinzugeben.
2. Anschließend den Topf vom Herd nehmen und Balsamico-Essig, Rotweinessig, Zucker und Öl unterrühren. Würzen mit Salz und Pfeffer.
3. Den Rosmarinzweig sowie die die Knoblauchzehe kurz in der Portweinsalatsoße ziehen lassen, danach wieder entfernen.

Senf-Dressing

Zutaten:
125 ml Brühe
1 TL scharfer Senf
2 EL Weißweinessig
2 EL Rapsöl
1 TL Zucker
½ TL Salz
Pfeffer

Zubereitung:
Die Brühe mit Senf,
Zucker und Salz gut ver-
rühren. Essig, Öl und Pfeffer
unterrühren. Bei Bedarf mit
etwas Salz nachwürzen.

Zitronen-Vinaigrette

Zutaten:

1 EL grobkörniger Senf
5 EL frisch gepresster Orangensaft
1 EL frisch gepresster Zitronensaft
1 EL Weißweinessig
2 EL Honig
2 EL Schnittlauchröllchen
6 EL Rapsöl
Salz
Pfeffer

Zubereitung:
1. Alle Zutaten, außer dem Rapsöl, in einer Schüssel vermischen. Dann langsam das Öl mit einem Schneebesen unterschlagen.
2. Mit Salz und Pfeffer abschmecken.

Eier-Salat-soße

Zutaten:
2 Eier, hartgekocht
3 EL Weißweinessig
1 TL Senf
1 EL saure Sahne
Salz
Pfeffer aus der Mühle
5 EL Öl
ca. 3 Basilikumblätter

Zubereitung:
1. Die Eier pellen und kleinwürfeln. Anschließend den Essig mit Senf, saurer Sahne, Salz und Pfeffer verquirlen. Dann das Öl löffelweise unterrühren und die Eierwürfel dazugeben.
2. Die Basilikumblätter waschen, in feine Streifen schneiden und untermischen.

Joghurt-soße

Zutaten:
150 g Joghurt
2 EL Zitronensaft
1 EL Sonnenblumenöl
Salz, Pfeffer
1 Bund Kräuter, z.B. Schnittlauch oder Dill

Zubereitung:
1. Den Joghurt mit dem Zitronensaft glattrühren, Salz und Pfeffer zugeben.
2. Die Kräuter waschen, feinhacken und unterrühren. Nochmals abschmecken.

Blaukraut-
salat mit
Erdnüssen

Blaukrautsalat mit Erdnüssen

Zutaten:

400 g Blaukraut
½ TL Salz
200 g Sauerrahm
2 EL Obstessig
1 TL Akazienhonig

1 TL körniger Senf
1 kleine Zwiebel
1 EL frisch geriebener Meerrettich
2 EL gehackte Petersilie
400 g Äpfel
40 g Erdnusskerne, ungesalzen

Zubereitung:

1. Blaukraut fein hobeln, leicht mit Salz bestreuen und gut durchkneten, 30 Minuten ziehen lassen.
2. Für das Dressing Sauerrahm mit Essig, Honig, Senf, kleingeschnittener Zwiebel, Meerrettich und Petersilie verrühren.
3. Äpfel grob raspeln und mit mit dem Dressing zum Blaukraut geben.
4. Mit Erdnusskernen garnieren.

Wirsingsalat
mit Champignons

Wirsingsalat mit Champignons

Zutaten:
1 Kopf Wirsing (ca. 800 g)
250 g frische Champignons
80 g Butter
80 g magerer Speck
½ Baguette oder Weißbrot,
   gewürfelt

Dressing:
125 ml Geflügelfond
2 Schalotten
2 EL Himbeeressig
1 EL süßer Senf
Salz, Zucker, Pfeffer
4 EL Traubenkernöl

Zubereitung:
1. Feingehackte Schalotten im Geflügelfond etwa 2 Minuten kochen lassen.
2. Den Fond abkühlen lassen, bis er handwarm ist. In einen Mixbecher geben und mit Essig, Senf und den Gewürzen kurz verquirlen. Das Öl nach und nach untermixen.
3. Den Wirsing putzen und in feine Streifen schneiden. Im kochenden Salzwasser etwa 2 Minuten blanchieren. In Eiswasser abschrecken, abtropfen lassen und mit dem Dressing mischen.
4. Die Hälfte der Butter erhitzen und die Speckwürfel anbraten, auf Küchenpapier abtropfen lassen und zum Salat geben. In der gleichen Pfanne nun die geputzen Champignons goldbraun braten.
5. Mit der restlichen Butter die Weißbrotwürfel knusprig anbraten. Den Salat mit den Champignons und den Brotwürfeln bestreuen und servieren.

Schwarz-
wurzelsalat

Schwarzwurzel-salat

Zutaten:
600 g Schwarzwurzeln
4 EL Kürbiskerne
2 EL Öl (zum Anbraten)
1 TL Zucker (zum Anbraten)

Für das Dressing:
2 EL Weißweinessig
1 TL grobkörniger Senf
2 TL Zucker
1 TL Salz
Grober Pfeffer aus der Mühle
5 EL Rapsöl
Rote Rettichkresse zum Anrichten

Zubereitung:
1. In einer Schüssel einen Liter Wasser mit Weißweinessig verrühren. Schwarzwurzeln unter fließendem Wasser schälen, in leicht schräge Stücke schneiden und sofort ins Essigwasser legen, damit sie sich nicht verfärben. Kürbiskerne in einer Pfanne ohne Fett 1 bis 2 Minuten rösten und beiseite stellen.
2. Für das Dressing Essig, Senf, Zucker, Salz und Pfeffer verrühren und das Rapsöl unterschlagen. Die Schwarzwurzel in einem Sieb gut abtropfen lassen, dann in einer Pfanne mit dem Zucker und dem Öl bei mittlerer Hitze in 10 bis 12 Minuten unter Rühren bissfest braten. Schwarzwurzeln mit dem Dressing vermischen und mit den Kürbiskernen und der Rettichkresse anrichten.

Rote-
Bete- ☺
Salat

Rote-Bete-Salat

Zutaten:

500 g Rote Bete
(vakuumiert, schon gegart)
1 Rote Zwiebel
1 Orange
1 Schälchen Gartenkresse

Für das Dressing:

Saft einer halben Orange
2 EL Apfelessig
1 TL Honigsenf
1 Prise gemahlener Korianer
1 TL Zucker
½ TL Salz
4 EL Rapsöl
Pfeffer

Zubereitung:

1. Rote Bete in Scheiben und dann in Streifen schneiden.
   Die Zwiebel würfeln. Aus der Orange Filets schneiden und
   halbieren. Alles zusammen in eine Schüssel geben.
2. Für das Dressing den Orangensaft, Essig, Senf, Koriander, Zucker,
   Salz und Pfeffer mischen und das Öl unterrühren. Mit dem Salat
   mischen und mit der Kresse bestreuen.

GRÜNER BOHNENSALAT

Grüner Bohnensalat

Zutaten:
750 g gefrorene Prinzessbohnen
3 Zweige frisches Bohnenkraut
Salz zum Kochen
2 rote Zwiebeln
50 g Speck

Für das Dressing:
3 EL Apfelessig
3 EL Rapsöl
1 TL Zucker
½ TL Salz
Pfeffer

Zubereitung:
1. Die gefrorenen Bohnen in einem Topf mit ca. 2 Liter Wasser und etwas Salz zum Kochen bringen. Bohnenkraut hinzugeben und ca. 8 Minuten köcheln lassen. Anschließend kalt abbrausen. Zwiebeln schälen und kleinwürfeln.
2. Den Speck in kleine Würfel schneiden und knusprig braten. Essig dazugießen und den Salat mit Zucker, Salz und Pfeffer anmachen, das Rapsöl zugeben.

Gemüse-salat

Gemüsesalat

Zutaten:
250 g Zuckerschoten
2 Kohlrabi
3-4 Karotten
100 g gefrorene Erbsen
1 Zweig Thymian
2 Salbeiblätter
1 EL Weißweinessig
Salz

Für das Dressing:
1 TL mittelscharfer Senf
1 TL Allgäuer Gebirgshonig
4 EL Weißweinessig
½ TL Meersalz
Pfeffer
6 EL Rapsöl

Zubereitung:
1. Die Zuckerschoten waschen, die Enden abknipsen und nach Belieben schräg halbieren. Kohlrabi schälen und in dünne Scheiben hobeln. Karotten schälen und ebenfalls in dünne Scheiben schneiden, oder auch hobeln.
2. In einem Topf ca. 2 Liter Wasser mit Thymian, Salbei, Salz und Essig zum Kochen bringen. Zuckerschoten, Kohlrabi und Karotten jeweils nacheinander für ca. 2 Minuten bissfest blanchieren. Mit dem Schaumlöffel jeweils herausheben und in einem Sieb abtropfen lassen. Danach die gefrorenen Erbsen ca. 6–7 Minuten köcheln lassen und in ein Sieb abgießen. Das blanchierte Gemüse in einer Schüssel mischen.
3. Für das Dressing Senf, Honig und Essig verrühren. Würzen mit Meersalz und Pfeffer, danach das Öl kräftig unterschlagen. Anschließend das Dressing über das Gemüse geben und gut mischen.

WINTERSALAT

Wintersalat

Zutaten:
600 g Sellerie
1 Apfel
100 g blaue, kernlose Trauben
60 g Walnusskerne
2 EL Zitronensaft

Für das Dressing:
4 EL Crème Fraîche
4 EL saure Sahne
2 TL Zucker
1 TL Salz
Grober Pfeffer aus der Mühle
2 EL Weißweinessig
½ Bund Schnittlauch

Zubereitung:
1. Den Sellerie schälen, den Apfel vierteln und das Kerngehäuse herausschneiden. Apfelviertel und Sellerie grob raspeln und in einer Schüssel mit dem Zitronensaft vermischen. Inzwischen die Trauben waschen, halbieren und die Walnusskerne grob hacken.
2. Für das Dressing Crème Fraîche, saure Sahne, Zucker, Salz, Pfeffer und Weißweinessig verrühren. Den Schnittlauch waschen, trocken-schütteln und in feine Röllchen schneiden. Alles zum Salat geben.

Fruchtiger
Pastinaken-
salat

Fruchtiger Pastinakensalat

Zutaten:
2 Pastinaken
200 g Sellerie
1 Apfel
Saft einer Zitrone
Saft einer Orange
2 EL Quittengelee

Für das Dressing:
1 EL Honig
1 TL Dijon-Senf
2 EL Apfelessig
2 TL Zucker
1 TL Salz
6 EL Rapsöl
1 Bund Petersilie

Zubereitung:
1. Pastinaken und Sellerie schälen und mit dem Apfel raspeln. Den Zitronen- und Orangensaft mit dem Quittengelee erwärmen und über die Gemüseraspel geben. Gut vermischen.
2. Für das Dressing den Apfelessig mit Honig und Senf glatt verrühren. Zucker und Salz hinzugeben und das Rapsöl kräftig unterschlagen. Dressing über den Salat geben. Abschließend die Petersilie kleinhacken und hinzufügen.

ZUCCHINI-SALAT

Zucchinisalat

Zutaten:
600 g kleine Zucchini
4 Knoblauchzehen
2 TL Zucker
1 TL Salz
½ TL schwarzer Pfeffer
6 Blätter Basilikum
6 EL Olivenöl
4 EL Balsamico-Essig

Zubereitung:
1. Zucchini waschen, die Stielansätze abschneiden und in ½ cm dicke Scheiben schneiden. Einem Esslöffel Öl in einer Pfanne erhitzen und die Zucchinischeiben portionsweise auf beiden Seiten leicht braun anbraten. Bei Bedarf etwas Olivenöl in die Pfanne nachgießen. Anschließend die Zucchinischeiben in eine Schüssel geben.
2. Zucker, Salz, Pfeffer, Öl und Essig zu einer Soße verrühren. Die Knoblauchzehen schälen und kleinschneiden. Die Basilikumblätter waschen, trockentupfen und ebenfalls kleinschneiden. Alles nun über die Zucchini in die Schüssel geben und durchmischen.
3. Abgedeckt im Kühlschrank mindestens einen halben Tag marinieren lassen.

Heringssalat
à la Karin

Zutaten:

1 kg Pellkartoffeln
500 g Fleischsalat
2 kleinere Äpfel
200 g Walnüsse
6 Matjesfilet
Essig zum Abschmecken

Zubereitung:

1. Pellkartoffeln schälen und in Würfel schneiden. Fleischsalat untermengen. Äpfel würfeln, Walnüsse kleinhacken. Matjesfilet bei Bedarf abwaschen und in kleine Stücke schneiden. Alles mischen. Kein Salz verwenden, da der Matjes schon salzig ist.
2. Mit Essig abschmecken und gut durchziehen lassen.

Rindfleischsalat

Zutaten:
600 g gekochtes Rindfleisch
(am besten Hochrippe)
400 g Lyoner
3-4 hartgekochte Eier
3-4 Essiggurken
1-2 Äpfel

Für das Dressing:
3-4 EL Mayonnaise
2 EL Essig
etwas Gurkenwasser
3 EL Sahne
3 EL Öl
Salz, Pfeffer nach Geschmack
Schnittlauch und Radieschen
zum Garnieren

Zubereitung:
1. Rindfleisch, Lyoner und Eier in kleine Stücke schneiden.
   Essiggurken und Äpfel klein würfeln. Mit Essig, Gurkenwasser,
   Salz und Pfeffer mischen, etwas ziehen lassen.
2. Danach Mayonnaise, Sahne und Öl unterheben.
   Nochmals kurz ziehen lassen, eventuell mit Schnittlauch
   und Radieschen garnieren.

Linsen~Thunfisch~ Salat

Zutaten:
2 Tomaten
1 kleine rote Zwiebel
400 g Linsen aus der Dose
180 g Thunfisch aus der Dose
2 EL frisch gehackter Koriander
Salz
Pfeffer

Für das Dressing:
3 EL natives Olivenöl extra
1 EL Zitronensaft
1 TL grobkörniger Senf
1 Knoblauchzehe, zerdrückt
½ TL gemahlener Kreuzkümmel
½ TL gemahlener Koriander

Zubereitung:
1. Tomaten entkernen und in kleine Stücke schneiden, Zwiebel kleinhacken. Linsen abtropfen lassen und zu den Tomaten und Zwiebeln in eine Schüssel geben.
2. Die Thunfischstücke mit der Gabel zerdrücken und zusammen mit dem Koriander unter die Linsenmischung heben.
3. Für das Dressing alle Zutaten vermischen und über den Salat gießen. Anschließend gut vermengen und mit Salz und Pfeffer abschmecken, sofort servieren.

Rohkostsalat mit Räucherfilet

Zutaten:
4 Karotten
1 Sellerie
2 Äpfel
1 rote Paprika
1 grüne Paprika
1 Zwiebel
150 g Emmentaler
2 Räucherfilet (Forelle)

Für das Dressing:
200 g saure Sahne
5 EL Essig
½ TL Salz
1 Bund Schnittlauch
1 Bund Petersilie
Pfeffer
etwas Öl

Zubereitung:
1. Karotten, Sellerie und Äpfel schälen und kleinraspeln. Beide Paprika in dünne Streifen schneiden. Zwiebel fein würfeln. Den Emmentaler in Würfel und die Räucherfilets klein schneiden. Alle Zutaten zusammenmischen.
2. Für das Dressing die Sahne mit dem Essig, Salz, Pfeffer und etwas Öl vermengen. Schnittlauch und Petersilie kleinhacken und unterheben.
3. Abschließend das Dressing über die anderen Salatzutaten geben und mischen.

Schlemmersalat

Zutaten:

1 große Dose Spargel
2 kleine Dosen Mandarinen
200g gekochter Schinken
4 hart gekochte Eier
Salatblätter

Für das Dressing:

1 Ei
1 TL Senf
½ TL Salz
1 Prise Zucker
1 TL Zitronensaft
375 ml Öl
1 EL Tomatenketchup

Zubereitung:

1. Spargel und Mandarinen abtropfen lassen.
2. Für die Mayonnaise das Ei mit Senf, Salz, Zucker und Zitronensaft verrühren. Langsam das Öl unter ständigem Schlagen unterrühren. Mit Ketchup abschmecken.
3. Spargel, Schinken und Eier kleinschneiden. Teller oder Schüssel mit Salatblättern auslegen, darauf schichtweise Spargel, Schinken, Eier und Mandarinen geben. Mit Mayonnaise übergießen und im Kühlschrank durchziehen lassen.

Spitzbubensalat

Zutaten:
je 1 Scheibe roter, weißer und hausmacher Presssack
1 rote Zwiebel
je 1 rote, gelbe und grüne Paprikaschote
2 EL Essig
3 EL Öl
½ TL Salz
1 TL Zucker
Pfeffer
3 EL Essiggurkenwasser

Zubereitung:
1. Die Presssackscheiben würfeln, Zwiebel in dünne Ringe und Paprika in Streifen schneiden. Alles vermengen.
2. Essig, Öl, Salz, Zucker, Pfeffer und Essiggurkenwasser zu einer Salatsoße verrühren und über den Spitzbubensalat gießen. Kurz ziehen lassen.

Maissalat

Zutaten:
1 Dose Mais
1 EL Zitronensaft
2 Tomaten
75 g gekochter Schinken
2 EL Mayonnaise
1 TL geriebener Meerrettich
Salz
Pfeffer
Zucker
½ Bund Schnittlauch

Zubereitung:
1. Mais abtropfen lassen, Schinken und Tomaten würfeln,
   alles mit Zitronensaft in eine Schüssel geben.
2. Mayonnaise und Meerrettich zusammenrühren und mit Salz,
   Pfeffer und Zucker abschmecken. Über die anderen Zutaten
   geben und durchmischen.
3. Schnittlauch feinschneiden und dazu geben.

Rucola-Salat mit Galiamelone

Zutaten:
150 g Rucola
50 g Lachsschinken ohne Fettrand
½ Galiamelone
2 EL gehackte Walnüsse

Für das Dressing:
2 EL Weißweinessig
Salz
Pfeffer
2 TL Walnussöl

Zubereitung:
1. Rucola waschen, verlesen, von den groben Stielen befreien und abtropfen lassen. Lachsschinken in schmale Streifen schneiden. Melonenhälfte mit einem Löffel von den Kernen befreien und das Fruchtfleisch mit einem Kugelausstecher herauslösen.
2. Die Melonenkugeln mit dem Lachsschinken zum Rucola geben und locker vermischen.
3. Für das Dressing den Essig mit Salz, Pfeffer und dem Walnussöl verrühren. Den Rucolasalat auf Tellern anrichten, das Dressing darüber geben und kurz ziehen lassen.
4. Mit den Walnüssen bestreuen.

Weißer Bohnen-
salat mit Thunfisch

Zutaten:

1 rote Paprika
1 gelbe Paprika
1 EL Rapsöl
2 Tomaten
1 Dose weiße Bohnen
3 Frühlingszwiebeln
180 g Thunfisch aus der Dose,
in Öl eingelegt

Für das Dressing:

2 TL Zucker
1 TL Salz
¼ TL Chilliflocken
2 EL Weißweinessig
3 EL Rapsöl
Pfeffer
3 EL kleingehackte italienische
Kräuter (frisch oder gefroren)

Zubereitung:

1. Paprika waschen, kleinschneiden und in der Pfanne mit Öl kurz anbraten. Tomaten entkernen und kleinwürfeln, Frühlingszwiebeln in dünne Ringe schneiden. Den Thunfisch in kleine Stücke zerteilen. Alles mit den weißen Bohnen in eine Salatschüssel geben.
2. Das Dressing aus den Zutaten erstellen und über den Salat gießen. Gut durchmischen und servieren.

Rucola-Feld-Salat

mit warmem Kartoffeldressing

Zutaten:
Rucola
Feldsalat
Speckwürfel

Für das Dressing:
80 g mehlig kochende Kartoffel
70 ml Brühe
1 EL Essig
2 EL Öl
1 EL Olivenöl
Salz
Pfeffer

Zubereitung:
1. Die Salate waschen.
2. Kartoffel schälen, kleinschneiden und in Salzwasser ca. 10 Minuten kochen. Wasser abgießen und die Kartoffel durch ein Sieb streichen. Brühe, Essig und Öl zufügen und alles verrühren.
3. Das Dressing kommt lauwarm über den Salat. Abschließend noch knuspriggebratene Speckwürfel auf den Salat geben.

Fenchelsalat mit Orangen

Zutaten:
2 Orangen (unbehandelt)
1 Zitrone (unbehandelt)
3 Fenchelknollen

Für das Dressing:
5 EL Sesamöl
2 EL Himbeeressig
Salz
Pfeffer

Zubereitung:

1. Eine Orange und die Zitrone heiß waschen und gut trocknen. Jeweils etwas Schale dünn abschneiden und in feine Streifen schneiden. Eine Orange schälen und filetieren. Die andere Orange und die Zitrone auspressen.
2. Den Fenchel waschen und putzen, das zarte Grün beiseitelegen. Die Fenchelknollen in feine Scheiben schneiden oder besser hobeln.
3. Anschließend den ausgepressten Orangen-Zitronensaft leicht erhitzen und darin die Fenchelscheiben 2 Minuten garen.
4. Für das Dressing den verbleibenden Fruchtsaft mit dem Essig und Öl verrühren. Das Fenchelgrün feinhacken und mit den feinen Schalenstreifen untermischen, salzen und pfeffern.
5. Fenchelscheiben und Orangenfilets auf Teller anrichten und das Dressing darüberträufeln.

Sommertraum

Zutaten:
Kopfsalat oder Feldsalat
Löwenzahn
Rucola
Kapuzinerkresseblätter
Grüner Spargel
Tomaten
Gurken
Himbeeren
Kapuzinerkresseblüten
Öl zum Anbraten

Für das Dressing:
3 EL Balsamico bianco
Salz, Pfeffer, etwas Honig
1 Knoblauchzehe
6 EL Olivenöl
1 Handvoll Wildkräuter
(z.B. Brennnessel, Giersch,
Vogelmiere, Löwenzahn)

Zubereitung:
1. Grüne Salate putzen, waschen, klein zupfen, auf der Salatplatte als Unterlage verteilen. Beim grünen Spargel die holzigen Enden abknicken, in Stücke schneiden und in einer Pfanne mit Öl etwa 3 Minuten anbraten. Anschließend auf dem Salat verteilen.
2. Darüber in Achtel geschnittene Tomaten, halbierte Gurkenscheiben und Himbeeren geben.
3. Salatsoße herstellen, evtl. Wildkräuter in die Soße pürieren oder kleingeschnitten darunterheben. Den Salat damit beträufeln und zum Schluss mit Kapuzinerkresseblüten dekorieren.

Italienischer Brotsalat

Zutaten:
8 Tomaten
2 Zwiebeln
Basilikum
1 Bund Rucola
30 g geröstete Pinienkerne
Parmesan (dünn gehobelt)
1 großes italienisches Weißbrot
Olivenöl zum Anrösten

Für das Dressing:
4 EL Balsamico-Essig
4 EL Olivenöl
2 Knoblauchzehen
1 TL Salz
Pfeffer

Zubereitung:
1. Die Tomaten schneiden, die Zwiebeln in halbe Ringe schneiden, Basilikum hacken, Rucola putzen und in mundgerechte Stücke schneiden.
2. Das Dressing aus Essig, Öl, gepresstem Knoblauch, Salz und Pfeffer anrühren. Danach die Tomaten, Zwiebeln und die gerösteten Pinienkerne mit dem Dressing mischen.
3. Das Brot in nicht zu kleine Würfel schneiden und mit Olivenöl in der Pfanne anrösten. Die noch warmen Brotwürfel mit Rucola und Basilikum unter die Tomaten heben. Parmesan dünn darüber hobeln und sofort servieren.

Avocadosalat mit Limettensoße

Zutaten:
2 reife Avocados
½ Salatgurke
1 Bund Lauchzwiebeln
½ Mango

Für das Dressing:
100 g Doppelrahmfrischkäse
Saft einer Limette
4 EL Rapsöl
6 EL Gemüsebrühe
Salz
½ TL Zucker
1 Prise Cayennepfeffer

Zubereitung:
1. Avocados schälen, halbieren, Kern entfernen und würfeln. Gurke schälen und in dünne Scheiben schneiden. Lauchzwiebeln waschen, das Grün entfernen und davon etwas zum Garnieren in Ringe schneiden. Das Helle ebenfalls in kleine Ringe schneiden. Mango schälen, Fruchtfleisch vom Kern lösen und würfeln.
2. Für die Limettensoße Frischkäse, Limettensaft, Öl und Brühe mischen und mit Salz, Zucker und Cayennepfeffer würzen.

70   Salate – frisch&knackig

Gurkensalat

Zutaten:
2 Salatgurken
120 g saure Sahne
3 EL Sahne
2 EL Weißweinessig
1 EL Olivenöl
Salz
Pfeffer
½ Bund Petersilie

Zubereitung:
1. Die Gurken waschen und schälen; anschließend in feine Scheiben hobeln.
2. Die saure Sahne mit der Sahne glattrühren und Essig und Öl gründlich unterrühren, würzen mit Salz und Pfeffer. Die Petersilie waschen, kleinhacken und in die Sahnesauce geben.
3. Die Gurken mit der Sahnesauce mischen und ca. 15 Minuten ziehen lassen.

Karottensalat mal anders

Zutaten:
600 g Karotten
1 EL Weißweinessig
1 TL Zucker
1 TL Salz
Pfeffer
2 Msp. gem. Kreuzkümmel

Für das Dressing:
2 EL Olivenöl
150 g Naturjoghurt
2 EL saure Sahne
5 EL Orangensaft
2 Stängel Minze

Zubereitung:
1. Die Karotten schälen und fein raspeln.
2. Joghurt, saure Sahne, Öl und Orangensaft miteinander glatt-rühren. Dann mit Zucker, Salz, Pfeffer und Kreuzkümmel ab-schmecken.
3. Minze waschen und trockenschütteln, die Blättchen von den Stängeln zupfen, feinhacken und unter die Joghurtcreme rühren.
4. Die Karotten mit der Joghurtcreme mischen und den Salat noch etwa 15 Minuten durchziehen lassen.

Winzersalat

Zutaten:
1 Endiviensalat
20 blaue, kernlose Weintrauben
100 g Gruyère-Käse
3 EL Walnusskerne

Für das Dressing:
1 EL Senf
2 TL Zucker
1 TL Salz
Pfeffer aus der Mühle
5 EL Weißweinessig
8 EL Rapsöl

Zubereitung:
1. Salat zerpflücken, gründlich waschen und mit der Salatschleuder trocknen. Blätter in Streifen schneiden und in eine Salatschüssel geben.
2. Die Weintrauben waschen und halbieren. Den Käse in feine Scheiben schneiden und die Walnusskerne grob hacken. Weintrauben, Käse und Walnusskerne unter die Salatblätter mischen.
3. Für das Dressing den Senf mit Zucker, Salz, Pfeffer und Essig verquirlen. Anschließend das Öl unterschlagen und glattrühren, abschmecken.
4. Kurz vor dem Servieren das Dressing über den Salat geben und miteinander vermischen.

Buchweizensalat

Zutaten:
100 g Buchweizen
1 EL Olivenöl zum Anrösten
250 ml leicht gesalzenes Wasser
100 g TK-Erbsen
1 rote und gelbe Paprika
2 Frühlingszwiebeln
50 g Sellerie

Für das Dressing:
1 EL Rotweinessig
1 EL Olivenöl
Cayennepfeffer
Salz

Zubereitung:
1. Buchweizen in einer Pfanne mit Olivenöl etwa 3 Minuten unter Rühren rösten, bis sich die Körner voneinander trennen. Dann das leicht gesalzene Wasser hinzufügen und zum Kochen bringen, ungefähr 20 Minuten garen lassen. Die TK-Erbsen beim Buchweizen ca. 6 Minuten mit garen.
2. Paprika und Frühlingszwiebeln waschen und kleinschneiden.
3. Buchweizen und Gemüse mischen, mit Essig und Olivenöl anmachen und mit Gewürzen abschmecken.
4. Der Salat kann kalt oder warm serviert werden.

Grünkernsalat

Zutaten:
250 g Grünkern
2 Äpfel
2 Essiggurken
100 g Käse
200 g Joghurt
200 g Mayonnaise

Zubereitung:
1. Den Grünkern ganz weich kochen und auskühlen lassen.
2. Äpfel, Essiggurken und Käse würfeln.
3. Mit Joghurt und Mayonnaise eine Marinade herstellen und abschmecken. Alles vermengen.

Konfetti-
salat

Konfettisalat

Zutaten:
200 g Sternchennudeln
Instantbrühe
1 Dose Mais
150 g TK-Erbsen
1 rote Paprikaschote
1 kleine Zwiebel

Für das Dressing:
3 EL Essig
3 EL Öl
Salz
Pfeffer
Zucker
Schnittlauchröllchen

Zubereitung:
1. Nudeln garen und abtropfen lassen. Erbsen 5 Minuten in ein wenig Brühe garen, diese Brühe später auch für die Marinade verwenden. Mais abtropfen lassen. Paprikaschote waschen und in konfettigroße Würfel schneiden. Zwiebel sehr fein schneiden.
2. Marinade herstellen aus 4 EL Brühe, Essig, Öl und Gewürzen. Mit den Zutaten mischen, durchziehen lassen, anrichten.
3. Mit Schnittlauchröllchen garnieren.

Bunter Tortellinisalat

Zutaten:
250 g Tortellini mit Fleischfüllung
4 Tomaten
1 Salatgurke
je 1 rote und gelbe Paprikaschote
1 Dose Mais
150 g gekochter Schinken
150 g Emmentaler

Für das Dressing:
6 EL Öl
6 EL Essig
6 EL Miracel-Whip
Pfeffer
Salz
verschiedene Kräuter

Zubereitung:
1. Tortellini in Salzwasser bissfest kochen.
2. Alle anderen Zutaten würfeln, in einer Schüssel mischen.
3. Salatsoße zubereiten und darübergießen. Tortellini dazugeben, alles vermischen und durchziehen lassen, abkühlen lassen und bei Bedarf nachwürzen.

Gnocchisalat

Zutaten:
325 g Gnocchi (eine Packung)
1 kleine Zwiebel
1 rote Paprika
1 grüne Zucchini
2 EL Olivenöl
Pfeffer
Salz

Für das Dressing:
1-2 Knoblauchzehen
1 EL Essig
2 EL Olivenöl
1 EL Tomatenmark
3 EL Gemüsebrühe
Salz
Pfeffer
Basilikumblätter zum Garnieren

Zubereitung:
1. Gnocchi nach Packungsanweisung in Salzwasser kochen, abgießen und kalt abspülen. Zwiebel feinhacken, Zucchini und Paprika in kleine Würfel schneiden, in heißem Öl anbraten und mit Salz und Pfeffer würzen.
2. Für das Dressing den Knoblauch, Essig, Öl, Tomatenmark und Brühe mit dem Mixstab pürieren, mit Salz und Pfeffer würzen.
3. Gnocchi, Gemüse und das Dressing mischen.
4. Basilikumblätter über den Salat streuen. Der Salat kann lauwarm oder kalt gegessen werden.

Spätzlesalat

Zutaten für die Spätzle:
400 g Mehl
4 Eier
120–150 ml Wasser
1 TL Salz
Salzwasser

Zutaten für den Salat:
1 Lauchstange, in Ringen
500 g Kochsalami

1 rote Paprika
½ Salatgurke
5–6 Essiggurken

Für das Dressing:
4 EL Essig
6 EL Öl
2 TL mittelscharfer Senf
Salz, Pfeffer

Zubereitung:
1. Spätzle zubereiten, gut kalt abschrecken.
2. Salami, Paprika und Salatgurke kleinwürfeln, Essiggurken in kleine Scheiben schneiden.
3. Dressing zubereiten und alles zusammen mischen, abschmecken, gut durchziehen lassen.

Türkischer Reisnudelsalat

Zutaten:
250 g Reisnudeln
Salz
30 g Pinienkerne
300 g Lammfilet
Pfeffer
1 EL Olivenöl
250 g roter Spitzpaprika
175 g Zucchini

½ Bund Frühlingszwiebel
½ Bund glatte Petersilie

Für das Dressing:
4 EL Zitronensaft
Salz
Pfeffer
Kreuzkümmel, gemahlen
50 ml Olivenöl

Zubereitung:
1. Reisnudeln bissfest garen, abgießen, kalt abschrecken und abtropfen lassen. Pinienkerne in einer Pfanne ohne Fett rösten. Lammfilets würzen und in Öl von allen Seiten 10 Minuten braten,
   anschließend ruhen lassen.
2. Paprika entkernen, waschen und in schmale Streifen schneiden.
   Zucchini putzen und in kleine Würfel schneiden. Frühlingszwiebel
   putzen, waschen und in feine Ringe schneiden. Petersilienblätt-
   chen von den Stengeln zupfen und feinhacken.
3. Reisnudeln, Pinienkerne, Paprikastreifen, Zucchiniwürfel, Frühlingszwiebeln und Petersilie in einer Schüssel mischen. Salatsoße
   herstellen und zum Salat geben, gut durchmischen. Lammfilets
   würfeln, unter den Salat geben und abschmecken.

Bunter Nudelsalat

Zutaten:
250 g Nudeln (Hörnchen, Gabelspaghetti)
2 kleine Zucchini, in Scheiben
1 gelbe Paprika
250 g Cocktailtomaten, in Hälften
1 Knoblauchzehe, gehackt
1 rote Zwiebel, in Ringen
125 ml Miracel-Whip
Salz
Pfeffer
etwas Petersilie

Zubereitung:
1. Nudeln garen, mit Zucchini, Cocktailtomaten, Paprikawürfeln, Knoblauch und Zwiebelringen mischen.
2. Miracel-Whip unterheben, mit Salz und Pfeffer abschmecken und mit Petersilie garnieren.

Zutatenregister

Rezept-, Quellen- und Fotoverweise

Titelfotos: Barbara Schmidt, ©fahrwasser - Fotolia.com, ©bit24 - Fotolia.com, ©Marek Gottschalk - Fotolia.com

Vorwortfotos: S. 4 ©Marek Gottschalk - Fotolia.com
S. 5 Thorsten Schmidt (2)

Rezeptfotos: S. 16–90 Barbara Schmidt

Abkürzungen – Mengenangaben

Die angegebenen Zutaten reichen für vier Personen!

kg = Kilogramm	Msp. = Messerspitze
g = Gramm	TK = Tiefkühl
l = Liter	TS = Tasse
ml = Milliliter	Pr. = Prise
EL = Esslöffel	gem. = gemahlen
TL = Teelöffel	gestr. = gestrichen

Ein ♥ -liches Dankeschön an alle LeserInnen für die tollen Rezepteinsendungen.

Rezepteinsenderinnen:

Albrecht, Karin – Trauchgau
Baur, Hildegard – Markt Rettenbach
Bertele, Andrea – Sulzberg
Fleschutz, Christine – Probstried
Fleschutz, Gabriele – Überbach
Fröhlich, Maria – Hawangen
Hauser, Sonja – Wildpoldsried
Hörburger, Christa – Dietmannsried
Jörg, Silvia – Waltenhofen
Kneppler, Franziska – Burgberg
Kutter, Gerlinde – Lauben
Laubheimer, Christiane – Reinstetten
Mader, Gerlinde – Sulzberg
Ortmann, Rita – Argenbühl-Siggen
Peter, Eva-Maria – Unterrieden
Rabus, Monika – Memmingen, Buxach
Reiser, Ilona – Christertshofen
Sauerwein, Petra – Eggenthal
Schmidt, Barbara – Dietmannsried
Schmölz, Anja – Hopferbach

Noch Fragen oder Anregungen?

Der direkte Kontakt mit unseren LeserInnen liegt uns sehr am Herzen. Wenn Sie also Nachfragen, Rückmeldungen, Anregungen, Verbesserungsvorschläge oder Kritik zu diesem Buch haben, freuen wir uns sehr auf Ihre Nachricht.

Sie erreichen uns am besten via Mail a.koessler@ava-verlag.de oder telefonisch unter (08 31) 5 71 42-51. Wenn Sie uns im Internet besuchen möchten, dann finden Sie uns unter www.ava-verlag.de.de

Impressum

© AVA-Agrar Verlag Allgäu GmbH · 1. Auflage 2015

Herausgeber & Verlag: AVA-Agrar Verlag Allgäu GmbH
Porschestraße 2 • 87437 Kempten / Allgäu
Telefon: (08 31) 5 71 42-0 • Fax: (08 31) 7 90 08
E-Mail: vertrieb@ava-verlag.de
Internet: www.ava-verlag.de

Konzept & Redaktion: Anita Herta Kößler

Layout: Beate Rinninger

Druck: KKW-Druck GmbH
Heisinger Straße 17 • 87437 Kempten /Allgäu
Telefon: (08 31) 57 50-310 • Fax: (08 31) 57 50-360
E-Mail: kontakt@kkw-druck.de
Internet: www.kkw-druck.de